もくじ

このほんに でてくる きごう
子どもの発達とおりがみ ・・・・・・・・ 5

子どもの理解を助ける 伝え方のコツ ・・・・・ 6

★★☆ つのながかぶと ・・・・・・・・・ 8
★☆☆ くるくるチョウチョウ ・・・・・・ 10
★☆☆ ごんべいガラス ・・・・・・・・・ 12
★☆☆ くるま ・・・・・・・・・・・・・・・・ 14
★☆☆ でんしゃ ・・・・・・・・・・・・・・ 15
★★☆ ぱっくんちょ ・・・・・・・・・・ 16
★☆☆ ロケット ・・・・・・・・・・・・・・ 18
★★☆ まめひこうき ・・・・・・・・・・ 19
★★☆ はばたくとり ・・・・・・・・・・ 20
★★☆ かざぐるま ・・・・・・・・・・・・ 22
★★☆ かえる ・・・・・・・・・・・・・・・・ 24
★★☆ ふうせん ・・・・・・・・・・・・・・ 26
★★★ おすもうさん ・・・・・・・・・・ 28
★★★ ふきゴマ ・・・・・・・・・・・・・・ 30
★★☆ めんこ ・・・・・・・・・・・・・・・・ 32
★★★ どきどきハート ・・・・・・・・ 34

★★☆ にそうぶね ・・・・・・・・・・・・ 36
★★★ カメラ ・・・・・・・・・・・・・・・・ 38
★★☆ スター ・・・・・・・・・・・・・・・・ 40
★★☆ キツネのおめん ・・・・・・・・ 42
★★★ さくらのはなびら ・・・・・・ 44
★★★ メダル ・・・・・・・・・・・・・・・・ 46

かんたん ★☆☆ はじめてでも OK！
ふつう ★★☆ なれてきたら トライ！
チャレンジ ★★★ がんばって やってみよう！

このほんに でてくる きごう

 てまえにおる（たにおり）

 むこうがわにおる（やまおり）

 おったせん

 うらがえす

 ずがおおきくなる

 むきをかえる

 ずがちいさくなる

先生・おうちのかたへ 子どもの発達とおりがみ

年齢や発達に合わせて、子どもとおりがみの関わり方は変わっていきます。それぞれの段階での子どもの姿をおさえておきましょう。

3歳児 「おりがみと触れ合う」ことで楽しむ！

遊んだり、飾ったりして、おりがみに親しむことからスタート。作品の完成を目的にせず、自由な発想で楽しみましょう。時には丸めたりやぶったりしたものを使って「何に見える?」とイメージをふくらませるのも◎。

4歳児 「できた！」を繰り返して好きになる！

自分とまわりを比べて、苦手意識も生まれる時期です。作れるものをどんどん作って、満足感を得るのがポイント。難しいところは大人がヘルプでOK！ 最後は自分の手で仕上げると達成感がもてます。

5歳児 自分から楽しむようになる！

「作りたい」気持ちが高まり、自分で作品を選んだり、少し難しいものに挑戦する姿も見られます。本を見ながら、工程を追って自分で折れる子も。3歳児、4歳児での体験をベースに、子ども同士で教え合うと、やる気がアップ！

やる気がわいてくる！ノリノリで楽しめる！

子どもの理解を助ける 伝え方のコツ

アドバイスは隣で

まずは、隣に座って一緒に折りましょう。手元を見比べられるように、同じ向きに座るのがポイント！

お手本をさわって

お手本を用意して、よく観察したりさわったりしながら折りましょう。直接、完成品をさわることでイメージがしやすくなります。

印つきの大きなお手本

あらかじめ★印や点線を書き入れた 20×20cm くらいの大きなお手本を用意。折る方向も合わせる部分も、"とにかく見て分かりやすく"なります。

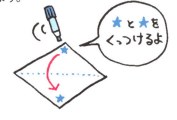

キラキラおりがみでテンションアップ！

みんな大好きなホログラムおりがみや金銀おりがみは、ここぞという時に使いましょう！気持ちが高まり、やる気がアップします。

動作やモノに たとえましょう

折り方を伝える時には、人の動きや身近な物にたとえるのがコツ。

サイズの目安は具体的に

折る幅や程度は、「お母さん指の爪ぐらい」「指1本分あけて」など、分かりやすい言い方がおすすめです。

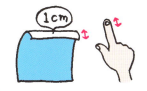

完成イメージを伝える

「最後にここに顔を描くからね」など完成のイメージを伝えると、見通しを立てながらスペースをあけたり、形を整えたりすることができます。

おりがみを楽しむ きっかけ作り

遊んでみよう！

子どもが好きそうなアイテムを作りおき！好きなものを選んで遊びに使いながら、おりがみに親しみます。

おたすけOK！

困った時は大人がヘルプ。うまくいかない時こそ、「できた！」の喜びを繰り返し味わうことが大切です。得意な子に教えてもらうのも◎。

飾ろう！

できたものにはしっかり注目して、部屋に飾ったり言葉をかけたりすると、「またやりたい！」という気持ちが湧いてきます。

つのながかぶと

するどい ″つの″ が かっこいい！

ふつう ★★☆

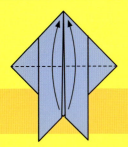

3 てんせんで
うえにおる

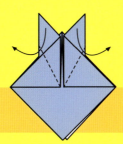

4 すこしななめに
てまえに おる

5 うえの1まいだけに
おりすじをつける

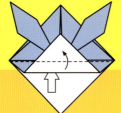

7 おりすじのとおりに
おる

6 うえの1まいだけを
ずのように おる

おおきなかみで おって
かぶっちゃおう！

 アイデア

新聞紙や包装紙で作れば実際にかぶることができます！
左の写真では 50×50cm に切った紙を使用しています。

たかいところから とばそう！
くるくる チョウチョウ

かんたん ★☆☆

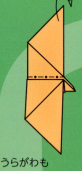

スタート

1 おりすじをつけてから さんかくに おる

5 うらがわも おなじように おる

6 あいだをひらいて はねを ひろげる

トコトコ つっつく ごんべいガラス

かんたん ★★★

スタート

1 たてに おりすじをつける

2 まんなかの せんに あわせて おる

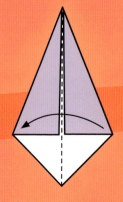

3 はんぶんに おる

あそびかた

カラスのくちばしが テーブルにつくように おきましょう。
おっぽを ゆびで かるくおすと…
くちばしで えさをつつきながら まえにすすむよ!

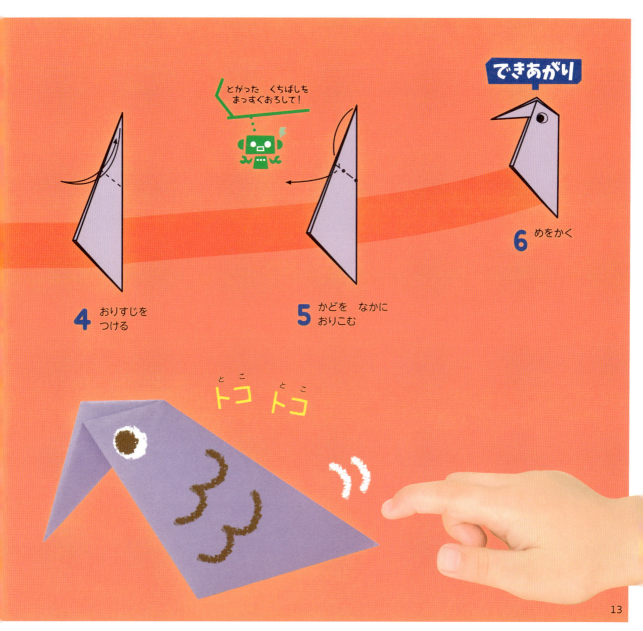

みんなで ドライブ
くるま

かんたん ★☆☆

スタート

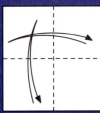

1 たてと よこに おりすじをつける

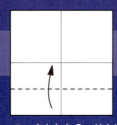

2 まんなかの せんに あわせて おる

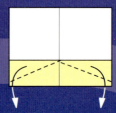

3 したを すこし のこして おる

タイヤに なるところだよ！ したに しっかり はみだそう

できあがり

7 まどや タイヤを かく

6 てんせんで むこうがわへ おる

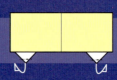

5 かどを すこし うしろに おる

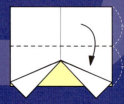

4 はんぶんに おる

でんしゃ
たくさん つくって れんけつ！

かんたん ★☆☆

スタート

1 おりすじをつけてから はんぶんにおる

2 3ぶんの1くらいの ところで うえにおる

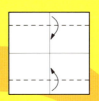
3 ひらいてから おりすじにそって おる

それぞれ おなじくらい はみださせて おるよ

4 かどを ずのように おる

5 かどを すこしおる

6 はんぶんに おる

できあがり

7 まどや ドアを かく

ガタン ゴトン

アイデア

線路を描き、でんしゃを走らせましょう。ぐしゃっと丸めたクッキングペーパーでスタンプし、茎や葉を描くと花になります。

なんでもたべる？
ぱっくんちょ

ふつう ★★☆

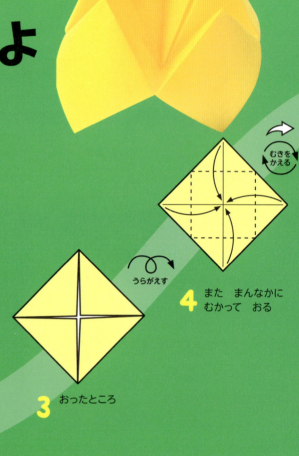

スタート

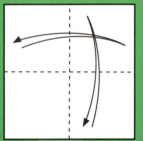

1 たてと よこに おりすじをつける

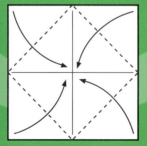

2 まんなかにむかって おる

3 おったところ

4 また まんなかに むかって おる

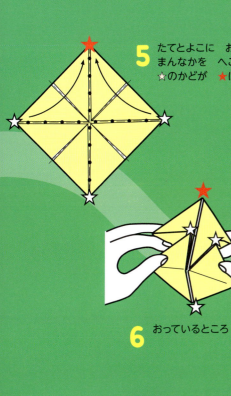

5 たてとよこに おりすじをつけて まんなかを へこませながら ☆のかどが ★に つくように たたむ

6 おっているところ

7 したから ゆびをいれて ひとつずつ ふくろを ひらく

できあがり

8 ふくろを ふくらませて ととのえる

ゆびで はさみながら たたむのが こつ！

パクパク

あそびかた

おやゆびと ひとさしゆびを いれて パクパク うごかそう！ うちがわに もじやかずを かいても たのしい！

3、2、1、はっしゃ！
ロケット

かんたん ★★★

びゅーん！

スタート

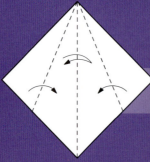

1 たてに おりすじをつけ まんなかの せんに あわせて おる

2 てんせんで おる

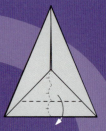

3 てんせんで したに おる

さんかくのかどが とびだすように おれたかな？

できあがり

うらがえす

7 クレヨンや シールで まどをつける

6 てっぺんの かどを てまえに おる

5 ひらくように てんせんで おる

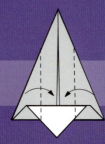

4 てんせんで うちがわに むかって おる

ちいさくてもよくとぶよ！ まめひこうき

スタート

おりがみを3ぶんの2のおおきさにきる。

1 たてに おりすじをつけて ひらき、したのかどを おる

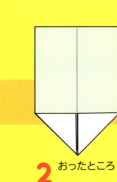

2 おったところ

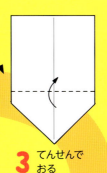

うらがえす

3 てんせんで おる

まんなかのおりすじにあわせてね！

4 りょうがわの かどを まんなかの せんまで おる

5 かどを したに おる

6 りょうがわを まんなかの せんまで おる

7 まんなかの せんで やまおりする

むきを かえる

8 むきを かえたところ

できあがり

●のところをもって 2まいのつばさを すいへいにし まっすぐにとばす

ふつう ★★★

とんでけ！

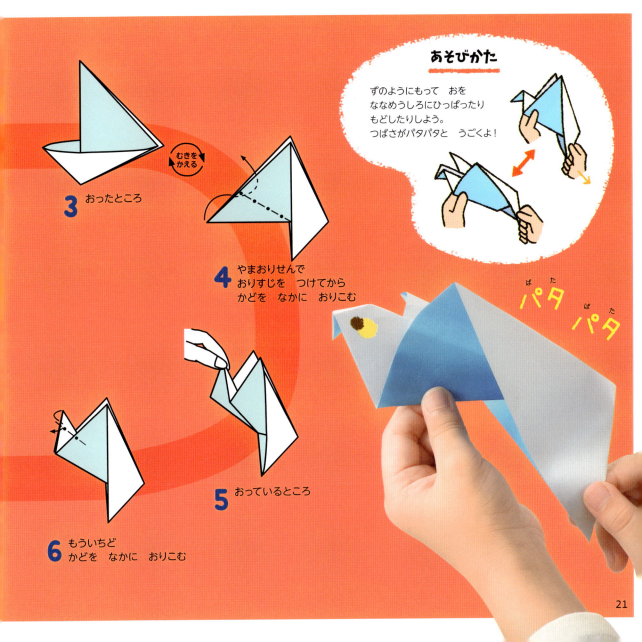

かぜをうけて まわるよ
かざぐるま

ふつう ★★☆

あそびかた

まんなかに あなをあけて
モールをとおし、ぬけないように
さきをまるめる。
モールのはんたいがわを わりばしに
まきつけて かんせい！
はねのなかにむかって いきをふきかけると
クルクルまわるよ！

スタート

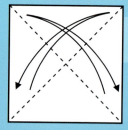

1 ななめに おりすじを つける

8 ひきだしたところ

うらがえす

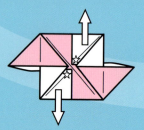

9 ☆を たてに ひきだす

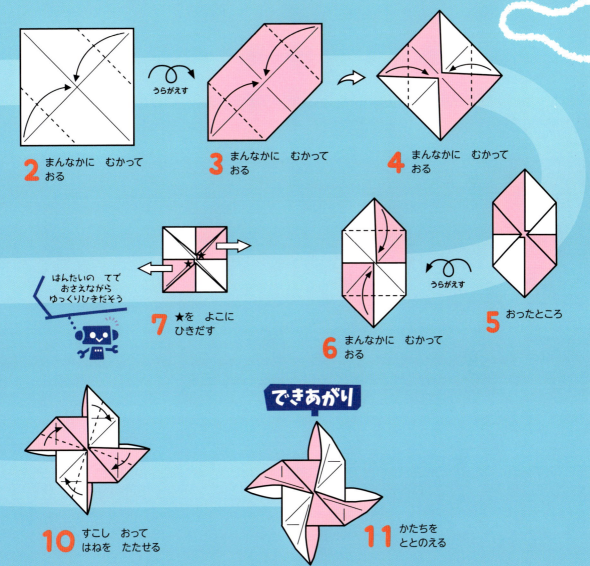

ジャンプしそう！かえる

ふつう ★★★

スタート

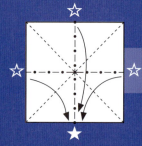

1 やまおり・たにおりの
おりすじをつけ
まんなかを へこませて
☆が★につくようにたたむ

2 おっているところ

できあがり

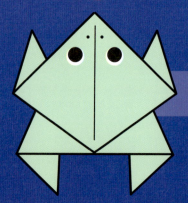

9 めと はなを
かく

うらがえす

8 おったところ

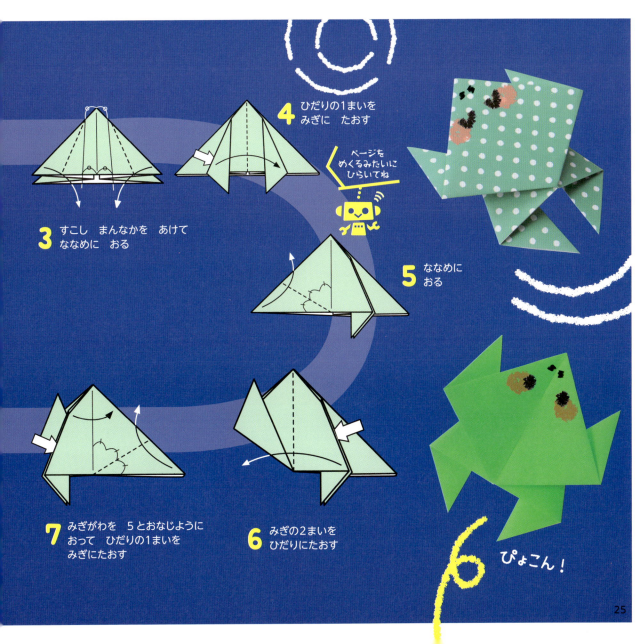

ふくらませて あそぼう
ふうせん

ふつう ★★☆

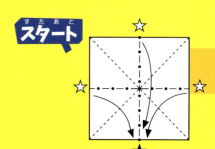

1 やまおり・たにおりの おりすじをつけ まんなかを へこませて ☆が★につくようにたたむ

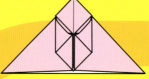

7 さしこんだ ところ。うらがわも おなじように おる

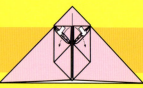

6 かどを ポケットの なかに さしこむ

むきを かえる

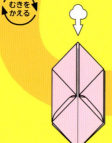

8 いきを ふきこんで ふくらませる

ふきこみぐちの はんたいがわのかどを つぶすように すこし おしながら ふくらませるのが こつ！

できあがり

9 かたちを ととのえる

2 おっているところ

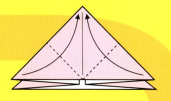

3 かどを おりあげる

ぽ〜ん！

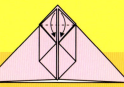

5 かどを はんぶんにおる

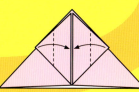

4 うちがわに おる

あそびかた

かみふうせんの ように てのひらで はずませて あそぼう！

ちいさめの ビーだまを いれて
ななめの いたの うえで さいころのように なげると
コロンコロンと ころがるよ。

トントン しょうぶだ！
おすもうさん

チャレンジ ★★★

スタート

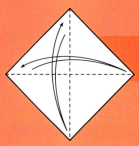
1 おりすじを つける

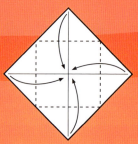
2 まんなかに むかって おる

＼のこった！のこった！／

3 また まんなかにむかって おる

4 まんなかの せんに あわせて おる

5 うえの1まいだけ りょうがわに ひらく

6 ひらいたところ

うらがえす

ここでしっかり ゆびでアイロンを かけてね！

9 てんせんで うえに おる

8 おったところ

7 うえの かどを てまえにおり、 うしろの さんかくを たたせる

10 かどを すこし したにおる

できあがり

11 むこうがわへ はんぶんに おる

12 さんかくを すこし もちあげる

13 かおをかく

あそびかた

あきばこのうえに どひょうをかいて おすもうさんを のせよう。
ゆびでトントンして いざたいせん！
ともだちと いっしょに あそんでね。

29

くるくる きれいな ふきゴマ

チャレンジ ★★★

いきをふきかけて まわそう！

6 たたんでいる ところ

7 たたみおわった ところ（A）

8 べつのいろの おりがみで 7まで おなじようにおり、 おもても うらも うえの1まいを おる（B）

あそびかた

りょうての てのひらで はさむようにもって いきをふきかけると、 まわるよ！

いろのちがう おりがみ 2まいで つくろう！

 スタート

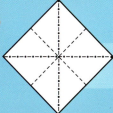

1 やまおり・たにおりの おりすじをつける

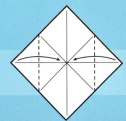

2 かどを まんなかにあわせて おる

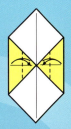

3 てんせんのところに おりすじをつける

 ★どうしを ひきよせながら たたむよ

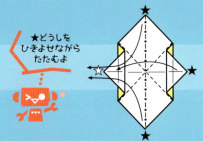

5 まんなかを へこませながら ★が☆につくように たたむ

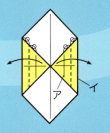

4 アのせんが イのせんに かさなるように おる （ひだりがわも おなじ）

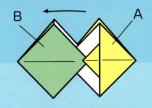

9 AとBを くみあわせる

10 さんかくを みぎにおる （ほかの3つのめんも おなじように おる）

できあがり

11

31

めんこ

かぜを まきおこせ！

ふつう ★★☆

すきないろを くみあわせよう

1 いろのちがう おりがみを それぞれ はんぶんにきる （ア）、（イ）

2 ずのように おる

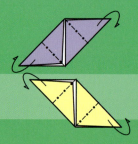

3 てんせんで やまおりして もどす

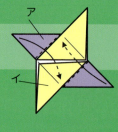

6 アのさきを イのなかに さしこむ

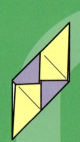

7 さしこんだ ところ

うらがえす

8 イのさきを アのなかに さしこむ

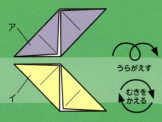

うらがえす

むきをかえる

4 おりすじを つけたところ。
アは うらがえし
イは むきをかえる

それぞれの
むきを
よくみてね！

5 アのうえに イをのせる

バシッ！

できあがり

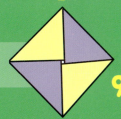

9 すきないろを えらんで
たくさん つくろう！

あそびかた

〈めんことして…〉

ともだちの
めんこをめがけて
なげよう！
あいてのめんこを
うまく ひっくり
かえせるかな？

〈こまとして…〉

まんなかに
あなをあけて
つまようじを
させば、
こまに なるよ！

つまむと うごくよ！
どきどき ハート（はあと）

チャレンジ ★★★

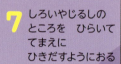

7 しろいやじるしの ところを ひらいて てまえに ひきだすようにおる

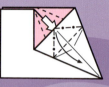

てんせんで おりすじをつけると おりやすいよ

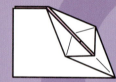

8 おったところ

うらがえす

9 うえの1まいを おる

あそびかた

〈うらから みたところ〉

〈おもてから みたところ〉

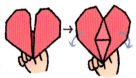

11のずの☆のところをもって ぎゅっと つまもう。
なんども くりかえすと どきどきしているみたい！

スタート

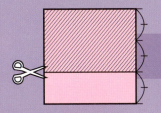

1 おりがみを 3ぶんの1のおおきさに きる

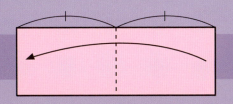

2 はんぶんに おる

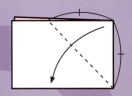

3 かどを さんかくに おる

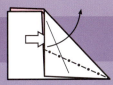

6 しろいやじるしのところを ひらきながら おる

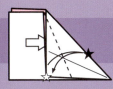

5 ☆が★につくように おって もどす

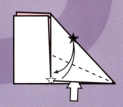

4 ☆が★につくように おって もどす

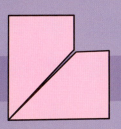

10 おったところ

うらがえす

11 4つのかどを てまえに おる

うらがえす

できあがり

12

2だんかい へんしん！
にそうぶね

ふつう ★★☆

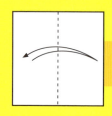

1 はんぶんに おりすじをつける

8 おりたたんでいる ところ

まず ★どうしを あわせて みよう！

9 おりたたんでいる ところ

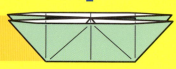

10 たたみおわった ところ。 むこうがわへ はんぶんに おる

できあがり

11

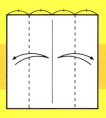
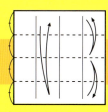
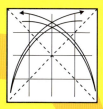

2 まんなかのせんにあわせて おりすじをつける

3 むきをかえて おなじように おりすじをつける

4 ななめに おりすじをつける

うらがえす

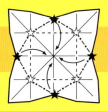
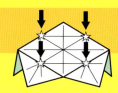
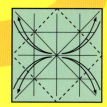

うらがえす

7 4つの★が まんなかに つくように おりたたむ

6 ☆のところを すこし おして へこませる

5 かどを まんなかにむかって おり おりすじをつけて ひらく

ふねを へんしんさせて おともだちをびっくりさせよう！

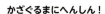

かざぐるまにへんしん！
10に もどして かたほうずつ おると… かざぐるまに！

だましぶねにへんしん！
10に もどして うらがえし ずのように おると… だましぶねに！

 → →

だましぶねであそぼう！
ともだちに ほのところを もってもらって ずのように おると… あれっ？ ほが どうした!?

 → →

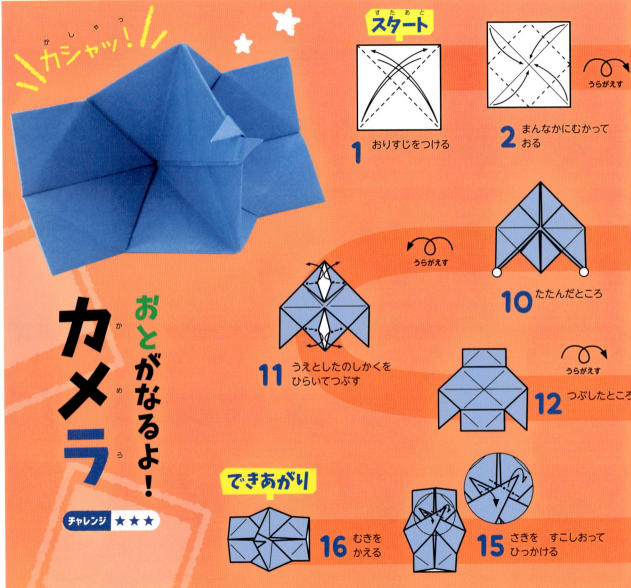

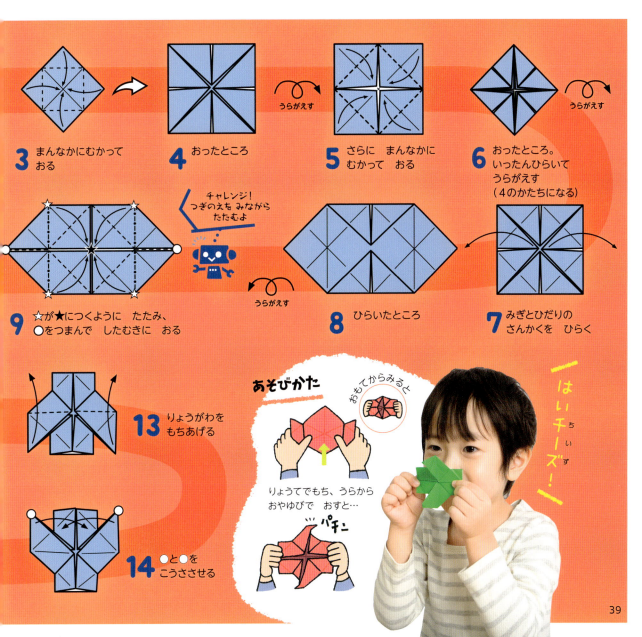

スタート

1 やまおり・たにおりの おりすじをつける

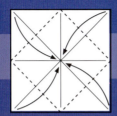

2 まんなかにむかって おる

3 おりすじを つけて ★が☆につくように たたむ

おりすじを つけるときは ゆびで しっかりアイロンを かけてね！

5 おりすじをつけて したに ひらく

4 たたんでいる ところ

8 さきを ひらく

9 ひらいている ところ

むきを かえる

できあがり

10

41

コンコン いたずらっこ キツネのおめん

ふつう ★★☆

こんこん♪

スタート

1 おりすじをつける

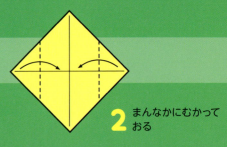

2 まんなかにむかっておる

9 やまおりせんでおりすじをつけ、しろいやじるしのところを ひらいてうちがわに おりこむ

10 はんたいがわもおなじようにおる

ゆびを いれて ひろげながら おりこむよ

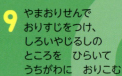

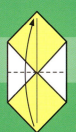

3 はんぶんに おる

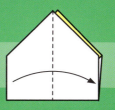

4 また はんぶんに おる

5 うえのくみだけ かどを おって もどす

うらがえす

8 てんせんで おる

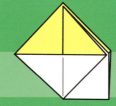

7 おったところ

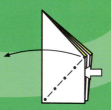

6 しろいやじるしのところを ひろげて おる

11 しろいやじるしのところを ひらいて つぶし かたちを ととのえる

できあがり

12 みみを たたせて かおを かく

かざろう！

こんこん おしゃべりな キツネたち

紙コップで体を作り、色画用紙で前足としっぽを付けましょう。秋の野原で楽しそうなキツネたちのできあがり！

43

たからもの いれよう！
さくらのはなびら

チャレンジ ★★★

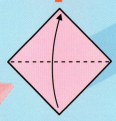

1 さんかくに おる

2 てまえに おる
（うらも おなじように おる）

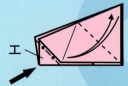

9 おりすじをつけて エを なかに おりこむ

アイデア

はるいろ ティータイム ★

花びらを5つ貼り合わせると、さくらの花の形をした入れ物に！おかし入れにぴったりです。

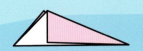

3 おったところ。ぜんぶ ひらいて うらがわを うえにする

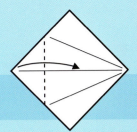

4 かどを おる

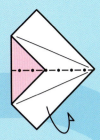

5 むこうがわに はんぶんに おる

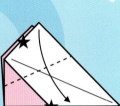

6 ★が ★につくように おる（うらも おなじように おる）

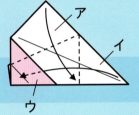

8 イを ウに さしこみ アをかぶせる

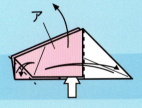

7 てんせんで おりすじをつけて アをひらく

10 しろいやじるしの ところを ひらいてつぶす

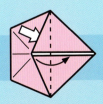

11 てんせんで おる

できあがり

12 なかを ひろげて うつわのような かたちに ととのえる

むねにキラリ★メダル

チャレンジ ★★★

ぴかぴか

スタート

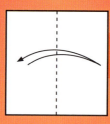

1 はんぶんに おりすじをつける

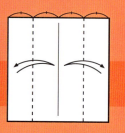

2 まんなかのせんに あわせて おりすじをつける

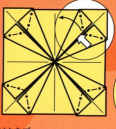

ゆびさきで ていねいに ひらこう！

10 ふくろを ひらいて さんかくに つぶす（ほかのふくろも おなじ）

9 たたみおわった ところ。4つの しかくを それぞれ てんせんで おる

11 つぶした ところ

12 かどを おる

3 むきをかえて おなじように おりすじをつける

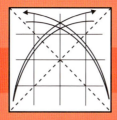

4 ななめに おりすじをつける

うらがえす

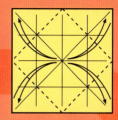

5 かどを まんなかにむかって おり おりすじをつけて ひらく

うらがえす

8 おりたたんでいる ところ

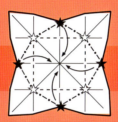

7 4つの★が まんなかにつくように おりたたむ

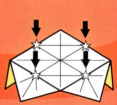

6 ★のところを すこし おして へこませる

キラキラ おりがみで きんメダル！

できあがり

13

アイデア

色画用紙やリボンと 組み合わせて、 華やかなバッジに。 卒園児にプレゼントしても よいですね！

47

おりがみ案・監修

小林一夫（p8-13, p16-17, p20-47）
西田良子（p14-15, p18-19）

カバー・本文デザイン・本文イラスト ／ 坂野由香、石橋奈巳（株式会社リナリマ）
コラムイラスト ／ 北村友紀
おりがみ製作 ／ つかさみほ、湯浅信江
飾り案製作 ／ あかまあきこ、つかさみほ
折り図イラスト ／ 西田良子、湯浅信江
遊び方イラスト ／ 福々ちえ
キッズモデル協力 ／ 有限会社クレヨン

撮影 ／ 林 均
本文校正 ／ 有限会社くすのき舎
編集協力 ／東條美香
編集 ／吉田まりこ

Potブックスmini　おりがみコレクション
わくわく！あそべるおりがみ
2019年10月　初版第1刷発行

編　者／ポット編集部　©CHILD HONSHA CO.,LTD.2019
発行人／村野芳雄
編集人／西岡育子
発行所／株式会社チャイルド本社
　　　　〒112-8512　東京都文京区小石川 5-24-21
電話／03-3813-2141（営業）　03-3813-9445（編集）
振替／00100-4-38410
印刷・製本／共同印刷株式会社
ISBN978-4-8054-0288-7
NDC376　17×19cm　48P　Printed in Japan

チャイルド本社のホームページアドレス
https://www.childbook.co.jp/
チャイルドブックや保育図書の情報が盛りだくさん。
どうぞご利用ください。

本書の紙面をコピーして頒布・販売すること、およびインターネット上で公開することは、著作権者及び出版社の権利の侵害となりますので、固くお断りします。

製本上の針金にご注意いただき、お子様が使用される場合は安全にご配慮ください。
乱丁・落丁本はお取り替えいたします。
本書の内容の一部あるいは全部を無断で複写複製することは、法律で認められた場合を除き、著作権者及び出版社の権利の侵害となりますので、その場合は予め小社宛て許諾を求めてください。